20 000 LIEUES SOUS LES MERS

D'APRÈS L'OEUVRE DE JULES VERNE

AVEC JEAN GABIN

Sommaire

Les Personnages

Le Commandant Farragut
de l'Abraham Lincoln

Le Professeur Aronnax
du Museum d'histoire naturelle de Paris

Conseil
l'assistant du Pr. Aronnax

Ned Land
matelot canadien, accompagné de son phoque, Snoopy

Le Capitaine Némo
Capitaine du sous-marin Le Nautilus

ABRAHAM LINCOLN

1. Le départ de l'Abraham Lincoln

Chers petits amis, c'est le professeur Aronnax qui vous parle. Par ce bel après-midi de mai 1867, je viens d'embarquer à bord de l'Abraham Lincoln, toujours suivi de mon fidèle domestique Conseil, un brave flamand que j'aime et qui me le rend bien.

L'Abraham Lincoln, un des meilleurs trois-mâts à vapeur et à voiles de la marine des États-Unis, appareille en ce moment même. Ses deux cheminées crachent des torrents de fumée noire ; sur le pont du navire, les matelots courent aux manœuvres, suivant les ordres du Commandant Farragut.

Le Commandant - Allô ingénieur, quelle pression ?

Un marin - 3 ½ Commandant.

Le Commandant - Faites monter à 5. Nous partons dans un quart d'heure.

Un marin - Bien Commandant !

Pr. Aronnax - Le Commandant Farrugut ?

Le Commandant - C'est moi Monsieur.

Pr. Aronnax - Bonjour Commandant ! Je suis le Professeur Pierre Aronnax, du Museum d'Histoire Naturelle de Paris. Le gouvernement des États-Unis m'a invité à suivre votre chasse au monstre à bord de l'Abraham Lincoln.

Le Commandant - Je vous attendais M. Aronnax ; soyez le bienvenu. Votre cabine est prête.

Tandis que Conseil s'occupe de notre installation dans la cabine, je m'attarde un instant sur la passerelle de l'Abraham Lincoln. C'est une dangereuse expédition à laquelle nous allons participer : nous nous lançons à la poursuite d'un monstre mystérieux qui s'attaque aux navires et les coule parfois, puis disparaît sans que l'on puisse savoir à quelle espèce il appartient. On sait seulement qu'il est immense, doué d'une force terrifiante, capable de transpercer de son éperon les coques les plus solides et de s'enfuir en distançant les bateaux les plus rapides. Le Commandant a reçu mission de le détruire.

Le Commandant	*- Sommes-nous en pression ?*
Un marin	*- Oui Commandant !*
Le Commandant	*- Larguez les amarres ! En avant !*

À petite allure, nous descendons la rivière Hudson et à huit heures du soir, nous fendons à toute vapeur les flots sombres de l'Atlantique.

Une histoire du tonnerre
Tonnerre de Brest
Ça court dans la marine
Faut en prendre un peu
Et laisser tout l'reste
Depuis Jonas et l'Arche de Noé
Tout c'que les marins ont raconté
C'était fort de café !

2. En voyage à bord du 3 mâts

La mer Morte autrefois
Était belle et bien vivante
Mais une fois
Qu'elle m'a pris dans une tourmente
Je l'ai tuée
Car c'était bien mon droit

Hé hissez ah ah du caca d'oie
Vive la marine en bois !

Ned Land - *Bravo Snoopy ! bravo mon p'tit phoque, chante avec moi !*

Une histoire du tonnerre
Tonnerre de Brest
Ça court dans la marine
Faut en prendre un peu
Et laisser tout l'reste
Depuis Jonas et l'Arche de Noé
Tout c'que les marins ont raconté
C'était fort de café !

Conseil — *- J'admire la bonne humeur de notre ami le Canadien Ned Land, Monsieur. Depuis six semaines nous avons quitté New-York, nous sommes maintenant au début de juillet, pourtant il chante toujours avec son phoque pour distraire l'équipage ! Sans doute espère-t-il encore harponner la bête et gagner la prime de 2 000 dollars. Ah ! si Monsieur avait bien voulu m'écouter, nous serions maintenant de retour à Paris...*

Combien de temps vais-je conserver ma belle assurance ?! Nous voici à la fin de juillet, en plein océan Pacifique, des longue-vues fouillent l'horizon toujours en vain ! Après l'enthousiasme des premiers jours, l'équipage se laisse aller au découragement.

Conseil — *- Quand je pense aux collections de Monsieur, aux archaeotheriums, aux hyracotheriums, aux choeropotamus et autres carcasses de Monsieur que nous avons laissées pour poursuivre ce monstre fantôme, Monsieur me permettez de donner mon avis : ceci est une sotte affaire ! Et je pense que l'on se moquera de Monsieur...*

Pr. Aronnax	- Vraiment Conseil ?!
Conseil	- Oui Monsieur ! Ou cette bête n'a jamais existé, ou elle est déjà morte dans quelque coin de l'océan. Quand on a l'honneur d'être un savant comme Monsieur, on ne s'expose pas...
Ned Land	- Ohé ! La chose en question sous le vent par le travers de nous !!!

3. Une rencontre inattendue

Nous nous précipitons au bastingage, Ned Land ne s'est pas trompé. À 3 milles sous le vent, un objet noirâtre émerge des vagues ; cela ressemble à un immense cigare flottant. La bête se promène tranquillement, laissant derrière elle un sillage d'écume blanche.

Le Commandant	*- Chargez les soupapes, en avant toutes !*
Un marin	*- Gouvernail sur le monstre !*
Ned Land	*- Si vous le permettez Commandant, j'irai m'installer sur les soubarbes de beaupré. Si nous arrivons à bonne distance, je harponne !*
Le Commandant	*- Allez Ned Land ! Faites monter la pression.*
Un marin	*- Nous sommes à 6 ½ Commandant. C'est le maximum !*
Le Commandant	*- Chargez à 10 !*
Pr. Aronnax	*- Conseil, sais-tu bien que nous allons probablement sauter ?!*
Conseil	*- Comme il plaira à Monsieur !*
Le Commandant	*- Et bien Professeur, nous voici en présence de la bête ! De quelle espèce est-elle selon vous ?*
Pr. Aronnax	*- Regardez la lumière qu'elle émet Commandant. Je pense à un gigantesque narval électrique mais son allure défie notre frégate, nous n'approcherons cette bête que si elle y consent !*
Le Commandant	*- Sans doute Monsieur. Pourtant, je ne pense pas qu'elle distance les boulets de canon. Canonniers, chargez la caisse de l'avant !*

Feu !

Le boulet glisse sur l'animal comme s'il était blindé avec des plaques de 6 pouces ; attention, le voici qui vient sur nous !

Le Commandant	*- À bâbord barre, toute ! Machines arrière !*
Pr. Aronnax	*- Trop tard Monsieur ! La bête nous a échappé, nous ne lui échapperons pas !*

À une vitesse stupéfiante, le monstre furieux se précipite droit sur l'Abraham Lincoln. Un choc épouvantable m'arrache du bastingage et me précipite à la mer.

Pr. Aronnax	*- À moi ! à moi ! à moi !*
Conseil	*- Si Monsieur veut bien avoir l'extrême obligeance de s'appuyer sur moi, Monsieur nagera beaucoup plus à son aise.*
Pr. Aronnax	*- Conseil, tu as aussi été précipité à la mer !*
Conseil	*- Non Monsieur, mais étant au service de Monsieur, j'ai suivi Monsieur !*
Pr. Aronnax	*- Et l'Abraham Lincoln ?*
Conseil	*- Il est déjà loin Monsieur ! L'hélice et le gouvernail sont brisés ; il ne gouverne plus.*

OHÉ

Pr. Aronnax	*- Conseil, tu as entendu ?*
Conseil	*- Oui Monsieur, la voix de Ned Land.*

OHÉ OHÉ

Ned Land	*- Ici mes amis, prenez place sur mon fût !*
Pr. Aronnax	*- Où sommes-nous Ned ?*
Ned Land	*- Je ne sais pas Professeur ! On dirait un écueil flottant ; je m'y suis installé avec Snoopy. Et depuis une heure nous dérivons au gré des vagues...*
Conseil	*- Que Monsieur me pardonne mais cet écueil ressemble à notre monstre à s'y méprendre.*
Ned Land	*- Conseil, as-tu jamais vu un poisson avec des écailles de tôle ?!*
Pr. Aronnax	*- C'est un bateau mes amis ! L'animal que vous vouliez harponner Ned a été construit par la main des hommes, c'est un bateau sous-marin...*
Ned Land	*- Sous-marin ? Et bien sous-marin ou pas, ce bateau ne marche pas tout seul ! Il a un équipage pour le conduire et il faut lui demander asile sans attendre. S'il lui prenait fantaisie de plonger, je ne donnerais pas 2 dollars de ma peau ! Ouvrez, ouvrez donc navigateurs peu hospitaliers !!!*

4. Chez le Capitaine Némo

Un sous-marinier	*- XXXXX ?!!*
Conseil	*- Curieux équipage, je n'ai jamais vu de marin ainsi vêtu ! Quel costume étrange ! Décidément, je préfère avoir affaire aux cétacés...*
Ned Land	*- Et pas le moindre harpon pour se défendre !*
Pr. Aronnax	*- Il nous fait signe de l'accompagner ; suivons-le mes amis.*

Nous pénétrons dans l'étrange navire à la suite de l'homme mystérieux. Ned Land et Conseil sont visiblement inquiets. Je m'efforce de paraître calme, mais j'avoue ne pas être très rassuré moi-même ! Un escalier de fer, un couloir étroit et obscur, au fond de ce couloir une porte entrouverte d'où nous parviennent les accords d'une musique qui en ce lieu paraît irréelle.

Notre guide nous introduit dans une sorte de salon richement décoré aux murs tendus d'étoffe rouge sombre. Assis devant un grand piano-orgue, un homme au visage noble se lève à notre entrée. C'est évidemment le Commandant de cet étrange bateau. Je me fais connaître et lui présente mes compagnons, tout en expliquant rapidement notre aventure.

Capitaine Némo — *- Messieurs, les circonstances ont voulu que vous surpreniez un secret qui doit rester ignoré de tous et rien ne m'oblige à vous donner l'hospitalité ! J'ai rompu avec la société entière pour des raisons que moi seul ai le droit d'apprécier, et vous resterez pourtant à mon bord puisque la fatalité vous y a jetés.*

Ned Land — *- Voulez-vous dire que nous devons renoncer à revoir jamais nos patries ?*

Capitaine Némo — *- Nous n'avons pas le choix Maître Land ! Je ne vous ai pas invités sur la Nautilus, mais puisque vous y êtes, vous y demeurerez. Et vous serez libres d'ailleurs de circuler à l'intérieur de mon navire. Je vous connais M. Aronnax !*

Pr. Aronnax — *- Ah !*

Capitaine Némo — *- J'ai apprécié vos ouvrages sur les fonds sous-marins et je pense que vous, du moins, vous ne regretterez pas cette croisière inattendue.*

Conseil — *- Monsieur a entendu ?*

Capitaine Némo — *- Ce sont les réservoirs de plongée du Nautilus qui s'emplissent. Nous allons naviguer à 50 mètres de profondeur. Monsieur le Professeur, désirez-vous observer directement bêtes et plantes de la mer ? Il vous suffit d'appuyer sur le bouton que voici. Ce hublot gigantesque ouvre une fenêtre sur la flore et la faune océanes.*

À travers la vitre qui nous sépare de cette mer sous laquelle nous naviguons, les profondeurs sous-marines apparaissent éclairées par les phares puissants du Nautilus.

Des milliers de poissons de toutes tailles, de formes les plus étranges, défilent devant mes yeux, attirés tels des papillons de nuit par la nappe lumineuse qui rayonne du navire. Je distingue des spares rayés aux nageoires variées de bleu et de jaune, des scombres japonais au corps bleu, à la tête argentée, des mulles barberins marqués d'une double raie noire, des gobies tachetés de violet sur le dos. Jamais il ne m'a été donnée de surprendre ainsi ces animaux vivants et libres dans leur élément naturel !

Capitaine Némo	*- Messieurs, notre déjeuner nous attend. Vous êtes affamés ; si vous voulez me suivre, nous passons à table.*
Pr. Aronnax	*- À vos ordres Capitaine, mais de quel nom dois-je vous appeler ?*
Capitaine Némo	*- Pour vous et vos compagnons Professeur, je suis le Capitaine Némo.*

Capitaine Némo	*- Maître Land semble apprécier la cuisine du Nautilus !*
Ned Land	*- Vraiment Capitaine, cette viande est excellente !*

Capitaine Némo - *Ce que vous mangez en ce moment Maître Land est du filet de tortue de mer. Tous les aliments qui sont sur cette table sont des produits de la mer.*

Conseil - *Même ceci qui a le goût de porc ?*

Capitaine Némo - *Ce sont des foies de dauphin, monsieur Conseil. J'utilise jamais rien qui vient du continent. Les vêtements que je porte et ceux de l'équipage sont faits d'algues spécialement apprêtées.*

Pr. Aronnax - *Ce qui reste inexplicable pour nous Capitaine, c'est la création de votre Nautilus. Où et par qui a-t-il pu être construit dans un si grand secret ?*

Capitaine Némo

- Hum, sur une île déserte Professeur. Le Nautilus fut composé de pièces venant de tous les coins du globe et assemblé par moi-même et mes compagnons. Quant à l'énergie qui l'anime, elle vient aussi de la mer, c'est l'électricité. Et maintenant, monsieur le Professeur, si vous voulez visiter le Nautilus, je suis à vos ordres !

J'ai suivi le Capitaine Némo à travers les coursives du navire qui mènent à la chambre des machines.

Capitaine Némo — *- Les dégagements de gaz que vous percevez sont produits par l'emploi du sodium grâce auquel je produis l'électricité qui éclaire, chauffe et anime le Nautilus. Comme vous le savez, l'eau de mer est composée en grande partie de ce sodium. J'ai donc à ma disposition une réserve inépuisable d'énergie !*

Pr. Aronnax — *- Et quelle vitesse obtenez-vous ainsi ?*

Capitaine Némo — *- Environ 50 milles, ce qui en vos mesures françaises je crois fait près de 80 km/h. Vous plairait-il, Professeur, de m'accompagner avec vos amis pour une promenade en forêt ?*

Ned Land — *- Vous allez donc à terre, Capitaine ?!*

Capitaine Némo — *- Non M. Land ! La forêt dont je parle est une forêt sous-marine de l'île Crespo. Notre promenade se fera au fond des mers. Veuillez me suivre messieurs, nous allons revêtir nos scaphandres.*

5. Promenade sous-marine

Dans le vestiaire du Nautilus, nous revêtons de grandes combinaisons de caoutchouc ; on nous fixe aux pieds de lourdes semelles de plomb qui nous permettront de marcher au fond de la mer sans être repoussés vers la surface. Puis, on nous place sur la tête de grandes sphères de métal garnies de hublots.

Ned Land	*- Eh là, nous allons étouffer là-dedans !*
Capitaine Némo	*- Ne craignez rien, Maître Land, les bouteilles d'air comprimé que vous portez à vos bretelles vous permettent de respirer librement. Ah, munissez-vous aussi de ces carabines.*
Ned Land	*- Elles nous seront inutiles ! Comment s'en servir sous l'eau ? La poudre sera mouillée !*
Capitaine Némo	*- Pas de poudre, Maître Land, ici il y a encore l'électricité.*
Pr. Aronnax	*- Mais les balles ne sont-elles pas aussitôt freinées par l'eau ?*
Capitaine Némo	*- Oui Professeur, mais elles sont explosives et n'ont donc pas besoin d'une grande vitesse pour être efficaces.*

Ainsi équipés, nous descendons dans une sorte de puits étroit dont un matelot referme hermétiquement derrière nous le couvercle d'acier. Puis, la mer pénètre lentement dans notre refuge, à la grande joie de Snoopy, heureux de retrouver son élément. Nous nous laissons glisser par une trappe qui s'ouvre sous nos pieds et foulons bientôt le sable de la plage sous-marine.

Après une demi-heure de marche, nous atteignons la forêt de l'île Crespo. Les algues, les herbes de toutes formes et de toutes couleurs s'élèvent verticalement comme attirées vers la surface des eaux d'où leur vient la lumière. Au-dessus de nos têtes voguent des troupes de physalies aux tentacules bleus, des méduses opalines ou rose tendre, des pélagies panopyres qui laissent derrière elles des traînées phosphorescentes. Les rayons du soleil nous éclairent faiblement à cette profondeur de 300 pieds.

À travers les plantes de la forêt sous-marine, Conseil et Ned Land ont aperçu la carcasse d'un navire rongé par les eaux, échoué là après un naufrage, sans doute depuis des siècles.
Mais que font-ils ? Ils ont disparu à l'intérieur de l'épave ! Les voici qui reviennent. Ils marchent lourdement, portant avec peine un énorme coffre de fer qu'ils déposent sur le sable. Ned Land, armé de son couteau de chasse, force la serrure rouillée qui cède aussitôt. Et voici qu'apparaît un amas de rubis, de saphirs, d'émeraudes et de perles dont l'éclat scintille dans la lumière glauque.

Au-dessus de ma tête, une ombre vient de passer : c'est un requin du Pacifique, le plus redoutable de cette espèce ! Ses terribles mâchoires ouvertes, il nage vers le Canadien absorbé dans la contemplation de son trésor. Plus rapide que l'éclair, le Capitaine Némo s'est jeté sur son passage ; une seconde, je vois luire son poignard qui disparaît dans le flanc de l'animal. Des flots de sang rougissent les eaux et nous aveuglent. Frappé au cœur, le requin foudroyé s'élève vers la surface de l'océan.

Ned Land et Conseil nous rejoignent. À travers les vitres de leur scaphandre, je vois leur visage bouleversé par l'émotion. Nous regagnons lentement le Nautilus, abandonnant sans regret ce trésor prodigieux qui nous est inutile !

6. Les voyages du Nautilus

Le soir même, Ned Land chante à nouveau sa joie de se sentir vivant…

… Je vais vous raconter
C'était fort de café !

Vous n'savez pas pourquoi
L'Pacifique est pacifique
Et bien c'est moi
Qui l'ai calmé à coups d'trique
Y'en a pas trois
Qui soient plus braves que moi !

Hé hisséo oh
Comme on est fier
Quand on est loup de mer…

Octobre 1867. Nous évoluons maintenant parmi les îles de la Papouasie, ayant accompli près de 10 000 lieues sous les mers depuis notre arrivée à bord du Nautilus. La mer de Corail, puis le détroit de Torres – encombré de récifs à fleur d'eau – nous obligent à naviguer en surface parmi les écueils les plus redoutables.

Pr. Aronnax	*- Un accident Capitaine ?*
Capitaine Némo	*- Un incident seulement Professeur, mais qui nous contraint d'attendre la pleine mer pour repartir. Nous sommes échoués en vue de l'île Gueboroar. Je vous autorise à descendre à terre avec vos compagnons mais soyez de retour à marée haute.*
Ned Land	*- Merci Capitaine ! Conseil, emportons des armes ; nous mangerons ce soir du gibier, du vrai ! Plus d'ces poissons qui m'donnent la nausée. Je commence à comprendre les charmes de l'anthropophagie.*
Conseil	*- Ned, je ne veux plus partager votre cabine. Je ne m'y sentirais pas en sûreté !*
Ned Land	*- Conseil, je vous aime beaucoup mais pas assez pour vous manger sans nécessité ! Au canot, embarquons... !*
Pr. Aronnax	*- Je serais bien étonné si ces forêts que nous apercevons ne contenaient quelque gibier qui satisfasse notre ami Ned !*

Conseil	*- Qu'est-ce donc Monsieur ? Des pierres qui tombent du ciel ?*
Ned Land	*- Pas du ciel, Conseil, du rivage ! Regardez ces sauvages qui gesticulent là-bas... Cette fois nous sommes le gibier. Adieu mon beau rêve de viande fraîche !*
Pr. Aronnax	*- Au Nautilus, vite ! Les indigènes embarquent dans leurs pirogues pour nous poursuivre.*

Ned Land	*- Capitaine, Capitaine, les Papous sont à nos trousses ! Vite, fermez les panneaux !*
Capitaine Némo	*- Tout à fait inutile, Maître Land. Ils ne peuvent rien contre le Nautilus.*
Ned Land	*- Mais ils vont nous envahir !*
Capitaine Némo	*- Laissez-les faire... On n'entre pas chez moi sans ma permission, Maître Land. Il suffit d'un peu de courant électrique dans l'escalier de fer pour interdire à ces pauvres diables l'accès du Nautilus. La marée est maintenant pleine, le Nautilus flotte à nouveau, nous pouvons quitter ces îles dangereuses. En avant doucement...*

Novembre 1867, l'océan Indien.
Décembre 1867, la mer Rouge.
Février 1868, la Méditerranée.
Mai 1868, de nouveau l'Atlantique.
Le Nautilus s'arrêtera-t-il jamais dans sa course ? Depuis six mois, nous habitons la prison flottante du mystérieux Capitaine Némo, et toujours nous naviguons loin des côtes habitées. Aucun espoir d'évasion !

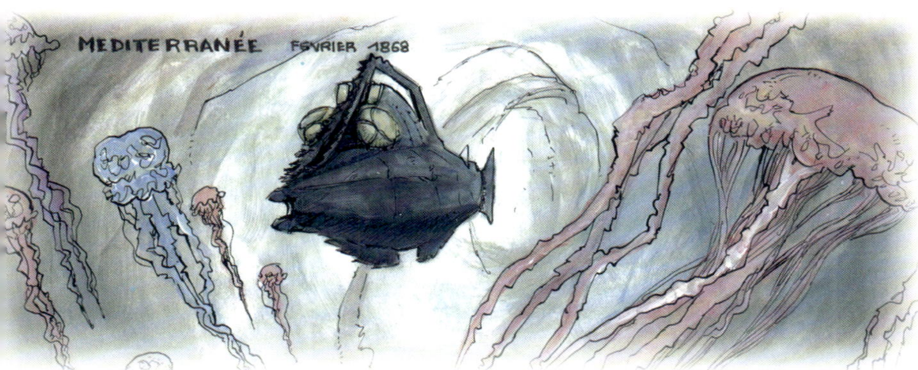

7. Un véritable monstre !

Les journées à bord sont consacrées à l'étude. Je suis tout à la joie de mes découvertes quotidiennes dans ce monde fabuleux. Quant à Conseil, il passe le plus clair de son temps le front collé à notre hublot, identifiant les habitants des mers et les classant en embranchements, classes, sous-classes, groupes et familles.

Conseil	*- Monsieur veut-il venir un instant ? N'est-ce pas là un beau spécimen de céphalopode ?*
Ned Land	*- Une pieuvre ?*
Pr. Aronnax	*- Non, non, non mon ami, c'est un calmar, et de belle taille ! Ses tentacules mesurent au moins 6 mètres. Quel animal redoutable !*
Conseil	*- L'épouvantable bête ! Et ce bec formidable !*
Ned Land	*- Ce n'est pas une pieuvre ordinaire, on dirait un gigantesque perroquet ! Mmmm, que j'aimerais le harponner...*
Capitaine Némo	*- Votre désir va être exaucé Maître Land. Cette bête est malfaisante et peut compromettre la stabilité du Nautilus en s'y cramponnant par ses ventouses. Nous allons donc faire surface et la combattre corps à corps.*

Conseil	*- Pourquoi pas avec les fusils électriques, Capitaine ? Ce serait plus sûr !*
Capitaine Némo	*- Non Monsieur ! Nos balles sont impuissantes contre cet animal, elles ne trouvent pas assez de résistance dans son corps flasque pour éclater. Ouvrez les panneaux !*

Attention Capitaine, attention la pieuvre !

Trop tard ! Le voici enlacé, arraché du sol par les tentacules du calmar géant. Les matelots se précipitent sur la bête. Des coups de haches tranchent les bras du monstre qui glissent à la mer comme des serpents morts ; il ne lui en reste qu'un maintenant, celui qui brandit sa victime avec laquelle il regagne lentement l'océan pour s'y replonger. Ned Land, le harpon à la main, se précipite ; son arme disparaît dans le corps visqueux du poulpe, qui laisse échapper sa proie.

Le Capitaine Némo roule à nos pieds, inanimé. Mais entouré de nos soins, il revient bientôt à lui.

Capitaine Némo	*- Merci, Maître Land.*
Ned Land	*- Je me devais cette revanche, Capitaine.*

8. L'évasion

Les beautés de la mer et ces aventures n'ont pas assez de charme auprès de Ned Land pour compenser la liberté perdue. L'idée de l'évasion s'impose aussi à moi. Nous sommes à bord du Nautilus depuis dix mois déjà quand, un matin de juin 1868, un événement terrible précipite notre décision.

Pr. Aronnax	*- D'où vient cette détonation ?*
Conseil	*- Un coup de canon, Monsieur, de cette frégate à 3 milles sous le vent. Que Monsieur me pardonne, il court sur nous avec l'intention évidente de nous couler.*
Ned Land	*- Faisons des signaux mille diables ! On comprendra que nous sommes d'honnêtes gens !*

Capitaine Némo	*- Misérable, veux-tu que je te cloue sur l'éperon du Nautilus avant qu'il se précipite sur ce navire ?*
Pr. Aronnax	*- Capitaine Némo, vous n'avez pas l'intention de couler cette frégate ?!*
Capitaine Némo	*- J'le ferai, Monsieur ! L'attaque est venue, la riposte sera terrible... Descendez, vous et vos compagnons, et ne vous avisez pas de me juger. Je suis l'opprimé et v'là l'oppresseur ; c'est par lui que tout ce que j'aimais a péri : patrie, femme, enfant, mon père, ma mère ; tout ce que je hais est là. Taisez-vous et regagnez vos cabines.*

Pr. Aronnax	*- Nous fuirons !*
Ned Land	*- Ce soir, à 9 heures. Le Capitaine Némo sera enfermé dans sa chambre. Ni les mécaniciens, ni les hommes de l'équipage ne peuvent nous voir. Le canot est fixé à la coque du Nautilus et communique par une double porte métallique avec l'intérieur du sous-marin. Les avirons, le mât et la voile sont dans le canot. J'y ai transporté quelques provisions, il ne nous restera qu'à nous enfermer dans l'embarcation. Je dévisserai de l'intérieur les écrous qui la retiennent et nous remonterons aussitôt à la surface.*
Pr. Aronnax	*- Nous sommes à quelques milles des côtes de Norvège. Entendu Ned, ce soir à 9 heures...*

Cependant le Nautilus s'est mis en plongée. Sa vitesse augmente à chaque seconde. Sa coque frémit dans l'élan qui le précipite vers le navire. Emporté dans sa course insensée, le Nautilus a traversé de part en part la coque de la frégate. La vengeance du Capitaine Némo s'est accomplie mais, pourquoi ?

Le soir même à 9 heures, j'abandonne ma cabine, ayant renoncé à comprendre cet homme impitoyable. Traversant le couloir désert du Nautilus, je retrouve mes compagnons blottis dans le canot.

Le Nautilus navigue alors entre deux eaux, ballotté dans les vagues énormes d'une indescriptible tempête. Le Capitaine Némo semble défier les éléments, comme il défie les lois des hommes.

Ned Land a dévissé les écrous qui nous retiennent au navire. Un remous immense arrache l'embarcation des flancs du Nautilus.

Ma tête porte violemment sur une membrure de fer, et je m'évanouis.

9. Epilogue

Je reprends connaissance sur un lit de varech, dans une cabane de pêcheur norvégien. Mes deux amis souriants se penchent sur moi. Notre canot, malgré la tempête, a pu regagner la côte. Nous sommes tous trois sains et saufs, ainsi que Snoopy qui n'a pas voulu abandonner son maître !

Ainsi s'achève pour nous, chers petits amis, cette invraisemblable expédition ! En dix mois, nous avons parcouru 20 000 lieues du monde sous-marin, à travers le Pacifique, l'océan Indien, la mer Rouge, l'Atlantique, la mer Méditerranée, les mers australes et boréales... Bientôt, nous retrouverons notre patrie... Mais pour le Capitaine Némo, il n'y a pas de retour. Nulle terre au monde n'attend cet homme farouche, qui a voulu confier le terrible secret de sa vie aux mystérieuses profondeurs de l'océan...

Crédits

Directeur de collection : Rémi Guichard
Editrice : Coralline Pottiez

Enregistrement de 1955, d'après l'œuvre de Jules Verne :

Texte : Jean Bolo
Chanson : Jacques Poterat
Musique : Maurice Jarre

Le Capitaine Némo : Jean Gabin
Le Professeur Aronnax : Jean-Pierre Lituac
Conseil : Frederic O'Brady
Ned Land : Jacques Galipeau

Livre :

Illustrations : Loïc Ruello
Mise en pages : Eric Sulejmani
Crédit photo : ©Claude Schwartz / Corbis
Fotolia